Commentaire

Par Gilles Pierson

L'Utilitarisme

Le bonheur digne de l'homme

Mill

lePetitPhilosophe.fr

MILL

ÉCONOMISTE ET PHILOSOPHE DÉFENSEUR DE L'UTILITARISME

- **Né en 1806 à Londres**
- **Décédé en 1873 à Avignon**
- **Quelques-unes de ses œuvres :**
  - *Principes d'économie politique* (1848)
  - *L'Utilitarisme* (1861)
  - *De l'assujettissement des femmes* (1869)

John Stuart Mill est éduqué dès son plus jeune âge par son père, le philosophe James Mill (1773-1836), qui veut en faire un érudit pouvant participer aux réformes politiques qu'il essaie de mettre en place avec Jeremy Bentham, philosophe et réformateur britannique (1748-1832). En effet, James Mill et Bentham font partie d'un mouvement politique dont l'objectif était de transformer la législation en vigueur en fonction du « principe d'utilité ».

La vie et la pensée de John Stuart Mill forment un ensemble cohérent : son système philosophique est en parfaite adéquation avec ses travaux en tant qu'économiste et logicien. Sa femme, Harriet Taylor Mill, a eu une profonde influence sur son œuvre, notamment au sujet du droit de vote des femmes, dont il a été un fervent défenseur.

L'UTILITARISME

UNE DÉFENSE EN RÈGLE DU « PRINCIPE D'UTILITÉ »

En 1861, Mill publie un article en trois parties dans le *Fazer Magazine*, sur la base de différents écrits non publiés accumulés durant plusieurs années. Dans cet article, le penseur présente le « principe d'utilité », notamment pour faire face aux critiques d'une autre école de pensée philosophique, les intuitionnistes. Ceux-ci défendent l'idée selon laquelle ce que l'on estime bien ou mal est connu par l'intuition, et s'opposent en ce sens aux inductivistes ou empiristes (dont Mill fait partie), qui pensent que nos jugements se forment à partir de l'expérience. Cet article est publié deux ans plus tard sous la forme d'un livre, *L'Utilitarisme*.

MISE EN CONTEXTE

LA NAISSANCE DE L'ŒUVRE

Au départ, **John Stuart Mill suit les traces de son père et de Bentham**, pour **apporter des changements politiques radicaux** et offrir une alternative aux deux partis traditionnels anglais de l'époque, le whig (parti libéral) et le tory (parti conservateur). Bentham, personnage riche et influent, est un homme d'action qui cherche avant tout à modifier la législation pour la rendre plus juste, ce qu'il mesure par le niveau de bonheur de la société en général. James Mill, quant à lui, adhère aux idées de Bentham et lui emboite le pas.

Cependant, John Stuart Mill est **plus érudit que son père**, et tandis que ce dernier et Bentham voient surtout dans **le principe d'utilité** un outil pratique au service de la législation et de l'action politique, Mill fils y voit également **un principe éthique en tant que tel, dont il est nécessaire d'exposer les fondements théoriques**. C'est pourquoi, dans *L'Utilitarisme*, ce dernier expose les origines et les sources potentielles du principe d'utilité. Bentham, quant à lui, n'est pas du tout intéressé par ce genre de discours, préférant une forme d'écriture plus pragmatique, c'est-à-dire ayant un but pratique.

L'Utilitarisme n'est **pas un ouvrage important pour Mill**. En effet, à l'époque où l'article – puis le livre – est publié, le penseur est **plutôt préoccupé par la vie politique** (c'est la guerre de Sécession aux États-Unis) et par d'autres écrits, notamment *De l'assujettissement des femmes* (1869), qui défend une thèse plus novatrice. De plus, *L'Utilitarisme* n'apporte pas d'éléments révolutionnaires dans la défense du principe d'utilité, tout au plus l'ouvrage permet-il à Mill de nuancer certains points par rapport à Bentham et à son père, et d'offrir une défense claire et structurée d'un principe déjà connu. *L'Utilitarisme* a donc **davantage pour but de faire connaitre le principe d'utilité au grand public que de présenter des idées nouvelles**. Cependant, comme nous le verrons, Mill y introduit quelques éléments nouveaux, qui n'avaient pas été développés avant lui.

LE PRINCIPE D'UTILITÉ

Selon le principe d'utilité, **une société juste doit avant tout viser à maximiser le bonheur du plus grand nombre** :

La croyance qui accepte, comme fondement de la morale, l'utilité ou principe du plus grand bonheur, tient pour certain que les actions sont bonnes en proportion du bonheur qu'elles donnent, et mauvaises si elles tendent à produire le contraire du bonheur. Par bonheur on entend plaisir ou absence de souffrance ; par malheur, souffrance et absence de bonheur. (*L'Utilitarisme*, p. 13)

Ce n'est pas Mill qui a inventé ce principe : historiquement, on retrace son apparition en tant que tel dès les années 1730. À l'époque où Mill publie *L'Utilitarisme*, il y a explicitement trois courants de pensée anglais qui y ont fait référence : les utilitaristes chrétiens, un courant politique et anticlérical dont la figure de proue fut William Godwin (1756-1836), ainsi qu'un autre courant politique dirigé par Jeremy Bentham et auquel les Mill se sont rattachés.

Cependant, l'origine réelle de principe d'utilité est discutée, certains associant ce principe à la pensée de Hobbes (1588-1679) et de Locke (1632-1704), d'autres remontant même jusqu'aux Anciens. Ce dernier point de vue est aussi celui de Mill lui-même : dans ses écrits, il laisse clairement transparaitre que, selon lui, **les premiers utilitaristes** (ceux qui défendent le principe d'utilité) étaient Socrate (469-399 av. J.-C.) et **les disciples d'Épicure** (341-271 av. J.-C.). En effet, les épicuriens basaient leur philosophie sur la recherche du bonheur, tout comme les utilitaristes. Néanmoins, **le principe d'utilité tel que formulé à l'époque de Mill possède certaines caractéristiques qui n'étaient pas toutes présentes sous la même forme chez les épicuriens** :

- c'est un **principe « conséquentialiste »**, c'est-à-dire qu'une action est évaluée en fonction de ses conséquences, et non en fonction de l'intention. Par exemple, mentir n'est pas bien ou mal en soi, cela dépend des conséquences du mensonge ;
- c'est un principe « welfariste » : l'évaluation des conséquences se fait en termes de niveaux de bienêtre (c'est sans doute la spécificité la plus claire de l'utilitarisme). Autrement dit, **l'unité de mesure de ce principe est le bienêtre** ;
- c'est un **principe humaniste** dans le sens où tous les êtres humains sont pris en considération, avec une valeur égale : le bonheur d'un président n'est pas plus important que celui d'un ouvrier. Par ailleurs, même si seuls les êtres humains sont pris en considération, certains utilitaristes

ont pensé à étendre le principe d'utilité aux animaux (pour les épicuriens, la question de l'humanisme n'est pas clairement posée, puisqu'il y a encore une franche distinction entre les citoyens, les femmes, les étrangers et les esclaves, par exemple) ;

* c'est un **principe d'agrégation** : on compare des situations en fonction de la **somme du bienêtre** de tous les individus. Il s'agit donc de viser le plus haut niveau de bienêtre **agrégé** pour la société dans son ensemble (pour les philosophes grecs, il ne s'agissait pas tellement d'un principe d'agrégation qui devait guider l'action publique, mais plutôt d'un principe personnel pour mener une vie bonne).

STRUCTURE DE *L'UTILITARISME*

Le livre est structuré en cinq chapitres, qui sont essentiellement des réponses à des questions précises :

* le **premier chapitre** sert en quelque sorte d'**introduction** et explique pourquoi il est nécessaire de penser un principe nouveau pour définir ce qui est bien ou mal. Mill y expose aussi la distinction entre les intuitionnistes, qui estiment que notre connaissance de ce qui est bien ou mal vient de l'intuition, et les inductivistes, qui accordent la primauté à l'expérience, ainsi que les raisons pour lesquelles il est difficile de donner des preuves de l'existence de ce qui est bien ou mal : « L'art médical est bon parce qu'il conduit à la santé ; mais comment prouver que la santé est une chose bonne ? » (*L'Utilitarisme*, p. 9) ;
* dans le **deuxième chapitre**, Mill répond à la question

« qu'est-ce que le principe d'utilité ? », en mettant en avant l'origine de ce principe, mais aussi ses mauvaises interprétations courantes. Mill développe la notion de bonheur et de plaisir, en insistant sur le fait que le bonheur humain est particulier et repose sur la capacité d'exercer son intelligence, son imagination et son sens moral ;

- ensuite, dans le **troisième chapitre**, Mill s'interroge sur **ce qui nous oblige à suivre ce principe d'utilité comme principe moral**. Il compare le principe d'utilité avec les autres principes moraux et insiste sur le fait que tous les principes moraux découlent d'un même sentiment : le sentiment de conscience de l'humanité. Pour Mill, c'est parce que chaque personne se sent humaine qu'elle se dit « si j'ai l'impression que faire ceci est mal, alors je ne vais pas le faire » ;
- le **quatrième chapitre** traite des **preuves qui peuvent être avancées pour fonder le principe d'utilité**. Mill y explique qu'en réalité, le bonheur est la seule chose que nous désirons réellement. Il ajoute que s'il arrive que nous recherchions d'autres choses ou d'autres valeurs comme la liberté ou l'égalité, c'est toujours parce que cela participe à notre sentiment de bonheur ;
- enfin, le **cinquième chapitre** analyse les **liens entre utilité et justice**. Mill y explique en détail en quoi la justice est un champ de la morale spécifique, et montre en quoi le principe d'utilité justifie l'existence de la justice, car celle-ci a pour but de maximiser le bienêtre général.

L'extrait que nous allons étudier provient du deuxième chapitre et traite spécifiquement des différents types de plaisirs qui existent. L'objectif de Mill est d'arriver à montrer que le niveau de bonheur humain dépend de certains plaisirs spécifiques qui sont dus à certaines « facultés élevées » propres à chaque individu.

TEXTE

LE BONHEUR DIGNE DE L'HOMME

Peu de créatures humaines accepteraient d'être changées en animaux les plus bas si on leur promettait la complète jouissance des plaisirs des bêtes[1] ; aucun homme intelligent ne consentirait à devenir imbécile, aucune personne de cœur et de conscience à devenir égoïste et basse, même si on leur persuadait que l'imbécile, l'ignorant, l'égoïste sont plus satisfaits de leurs lots qu'elles des leurs. Elles ne se résigneraient pas à abandonner ce qu'elles possèdent en plus de ces êtres pour la complète satisfaction de tous les désirs qu'elles ont en commun avec eux. Si jamais elles pensent à la possibilité d'un pareil échange, ce doit être seulement dans un cas de malheur extrême ; pour échapper à ce malheur elles consentiraient à échanger leur lot contre n'importe quel autre, fût-il peu désirable à leurs yeux. Un être doué de facultés élevées demande plus pour être heureux, souffre probablement plus profondément, et, sur certains points, est sûrement plus accessible à la souffrance qu'un être d'un type inférieur. Mais, malgré tout, cet être ne pourra jamais réellement désirer tomber dans une existence inférieure. [...] Il vaut mieux être un homme malheureux qu'un porc satisfait, être Socrate mécontent plutôt qu'un imbécile heureux. Et si l'imbécile et le porc sont d'une opinion différente, c'est qu'ils ne connaissent qu'un côté de la question.

---

1. C'est-à-dire de profiter pleinement de tous les plaisirs que connaissent les animaux.

MILL (John Stuart), *L'Utilitarisme*, traduction de Le Monnier, Paris, Félix Alcan, 1889, p. 16-18.

EXPLICATION ET ANALYSE DU TEXTE

UNE RÉPONSE À UNE CRITIQUE

Des plaisirs dignes des animaux

Cet extrait fait partie d'une réflexion plus large et commencée quelques pages plus tôt par Mill : celui-ci veut **répondre à une critique courante adressée aux utilitaristes, selon laquelle le principe d'utilité justifie de ne rechercher que les plaisirs dignes des animaux** (et donc indignes des hommes) : « Supposer que la vie n'a pas de fin plus haute, pas d'objet meilleur et plus noble à poursuivre que le plaisir, c'est là [...] une doctrine bonne pour les pourceaux. » (p. 14) Notons qu'il s'agit là, selon Mill, **du même genre de critique qui avait déjà été adressé en leur temps aux épicuriens**. Mais estimant que les épicuriens n'ont pas réussi à y répondre de façon convaincante, Mill prend la peine d'apporter sa propre justification, en expliquant qu'il existe des plaisirs plus désirables que d'autres. Commençons par voir comment les épicuriens ont répondu à l'accusation, avant de voir ce que Mill propose comme alternative.

Des types de plaisirs différents

Pour répondre à la critique, **les épicuriens affirment que ce sont plutôt leurs adversaires qui considèrent les humains comme des animaux**. En effet, s'ils estiment que poursuivre le plaisir revient à se comporter comme un cochon, alors cela signifie qu'ils pensent que les plaisirs que les hommes recherchent sont les mêmes que ceux des animaux. Or selon les épicuriens, **les hommes cherchent d'autres plaisirs**, notamment **parce qu'ils ont des facultés plus élevées que les animaux** : « Les êtres humains ayant des facultés plus élevées que les appétits animaux, et en ayant conscience, ne considèrent pas comme bonheur ce qui ne leur donne pas de satisfaction. » (p. 15) Cependant, ce n'est pas pour **Mill** une explication suffisante, car il manque quelque chose à cet argument : il **estime qu'il y a aussi une réelle différence de qualité entre les plaisirs des animaux et des plaisirs plus élevés**.

En effet, Mill prétend que l'on peut différencier les plaisirs en fonction de leur qualité, car ils ne produisent pas tous le même niveau de bonheur. Pour Mill, **le niveau de bonheur que produit un plaisir dépend des facultés que l'on mobilise : plus les facultés utilisées sont élevées, plus le plaisir procure du bonheur**. Par exemple, lire un livre est un plaisir qui produit plus de bonheur que boire une bière, car lire un livre mobilise des facultés plus élevées que celles que l'on utilise lorsque l'on boit une bière. Il est donc clair pour Mill que **les plaisirs les plus désirables sont ceux qui requièrent les facultés les plus élevées**.

Pour résumer la différence entre les épicuriens et Mill, on peut dire que :

- pour les épicuriens, les plaisirs des hommes sont différents de ceux des animaux car ils ont des facultés différentes, même si les plaisirs humains ne sont pas forcément plus désirables ;
- pour Mill, les plaisirs des hommes sont différents de ceux des animaux car ils ont des facultés plus élevées, et les plaisirs les plus désirables sont ceux qui requièrent les

facultés les plus élevées.

Cependant, l'explication de Mill engendre deux autres questions : que désignent précisément « **les facultés les plus élevées** » ? Comment Mill peut-il justifier que les plaisirs les plus désirables sont ceux qui requièrent les facultés les plus élevées ? C'est précisément l'objet de l'extrait analysé.

La notion de faculté élevée

Mill ne définit pas explicitement ce qu'il entend par « facultés les plus élevées », mais il est clair qu'il associe ce concept avec **la capacité de raisonner**. Un peu plus tôt dans le même chapitre, il laisse cependant entendre que les « facultés les plus élevées » comprennent trois éléments :

- **l'intelligence** (et la raison) ;
- **l'imagination** (et l'esthétique) ;
- **le sens moral** (qui correspond au fait de pouvoir distinguer ce qui est bon de ce qui est mauvais et d'agir en conséquence).

Le fait que Mill mette l'accent sur les facultés de la raison permet de dégager deux caractéristiques particulières de son utilitarisme (qui sont absentes des autres formes d'utilitarisme) :

- d'une part, il s'agit d'un **utilitarisme idéaliste**. En effet, Mill idéalise le bonheur en l'associant à l'intelligence, à l'imagination et au sens moral. Autrement dit, il développe une **conception spécifique du bonheur** : celui-ci dépend de **la possession de certaines facultés que Mill**

considère personnellement comme idéales ;

- d'autre part, Mill développe un **utilitarisme élitiste**, car **ces facultés idéales ne sont possédées que par une partie de la population**. Malgré son humanisme (chaque humain est pris en considération dans la société), le philosophe fait une claire **différence entre les personnes éduquées et cultivées, et les personnes non éduquées** qui ont un faible niveau de connaissance. Par exemple, selon lui, les hommes cultivés et intelligents ont la capacité de mieux organiser la vie en société (sur le plan politique, juridique, etc.). En outre, il ajoute que le fait de posséder des facultés élevées n'est pas définitif : l'intelligence, l'imagination et le sens moral sont **des facultés qui doivent se cultiver, au risque de disparaitre**, soit par manque d'éducation, soit par manque de pratique. C'est pourquoi **l'éducation est très importante** pour lui, de même que l'exercice de son intelligence, de son imagination et de son sens moral dans la vie de tous les jours. Mill est donc également élitiste dans le sens où **il veut favoriser à tout prix certaines facultés** dans l'ensemble de la société. En effet, posséder ces qualités permet selon lui d'être plus heureux, comme nous allons le montrer.

Pourquoi existe-t-il des plaisirs plus désirables ?

Dans l'extrait analysé ici, Mill tente de prouver qu'**il existe des plaisirs de qualités différentes**. Pour défendre cette thèse, il part d'un fait qu'il estime comme certain : aucun être humain ne voudrait être changé en animal, et aucun homme intelligent en imbécile.

À cela s'ajoute le fait que, selon le principe d'utilité, **toute**

personne cherche avant tout à être la plus heureuse possible, en maximisant les plaisirs et en diminuant les peines. La conclusion est donc logique : **si les humains ne veulent pas être transformés en animaux, c'est parce qu'ils éprouvent des plaisirs plus désirables qu'eux** ; si Socrate ne veut pas échanger son sort contre celui d'un imbécile, c'est parce qu'il connait des plaisirs plus désirables que ceux vécus par les imbéciles. Les plaisirs éprouvés dépendent donc des facultés des individus, et **plus les facultés sont élevées, plus les plaisirs sont désirables**.

Pour mieux comprendre, faisons une analogie : deux individus ont chacun une bouteille, l'un une bouteille d'eau, l'autre une bouteille de jus de fruit. Il est clair que le jus de fruit et l'eau sont des liquides de qualités différentes. Pour le prouver, il suffit de constater que personne ne serait prêt à échanger une bouteille de jus contre une bouteille d'eau. Puisque tout le monde a envie de boire quelque chose de bon, on en conclut que le jus est meilleur que l'eau. Le seul cas où quelqu'un pourrait vouloir changer sa bouteille de jus contre la bouteille d'eau, c'est si la bouteille de jus est plus entamée que la bouteille d'eau. C'est précisément ce que dit Mill : le seul cas où un homme intelligent préférerait être un imbécile, c'est si son niveau de bonheur était tellement bas qu'il voudrait changer sa situation avec n'importe qui.

Cependant, comme nous allons le voir, cette argumentation peut être critiquée : est-il réellement certain que tout le monde préfère le jus de fruit à l'eau ? Comment être sûr que boire du jus de fruit rendra plus heureux que boire de l'eau ? En fait, comme nous l'avons déjà dit, dire que le jus de fruit est meilleur que l'eau est à la fois idéaliste et élitiste : dire que les plaisirs que connait Socrate valent plus que ceux d'un imbécile est **idéaliste** car cela signifie qu'on pense que certains plaisirs ont une valeur plus élevée que d'autres, et **élitiste** car on estime que la vie de Socrate est « meilleure » que celle d'un imbécile. Dans ce texte, **la question est donc de savoir s'il est possible de comparer les plaisirs et les niveaux de bonheur**.

MESURER LES PLAISIRS : UN ENJEU MAJEUR

Une différence avec Bentham

Mill développe une autre vision du bonheur que ses mentors James Mill et Jérémy Bentham lorsqu'il affirme dans cet extrait que **certains plaisirs sont mieux par définition que d'autres. On ne retrouvait pas cette distinction avant lui**, ce qui fait penser que l'utilitarisme de John Stuart Mill est réellement différent de celui de Bentham et de son père.

Néanmoins, cette distinction pose **problème pour mesurer le niveau de bonheur de la société**. Pour illustrer cela, prenons l'exemple d'un village où les habitants doivent décider entre ouvrir un nouveau café ou une nouvelle bibliothèque. À première vue, la façon la plus simple pour prendre une décision en fonction du principe d'utilité est de mesurer le niveau de bienêtre des deux possibilités. Pour ce faire, il suffit de demander directement aux habitants : « Est-ce que vous préférez un nouveau café ou une nouvelle biblio-thèque ? » Si, dans ce cas, la plupart des habitants préfèrent un café à une bibliothèque, alors il faudrait, pour respecter le principe d'utilité, ouvrir un café.

Par contre, selon Mill, cela n'est pas si simple : si la plupart des habitants disent qu'ils préfèrent un nouveau café à une nouvelle bibliothèque, ce n'est pas pour autant qu'il faut ouvrir un nouveau café. En effet, il faut prendre en compte la qualité des plaisirs que peuvent apporter chacune des options. Boire une bière dans un café est sans doute – selon Mill – un plaisir de qualité plus faible que lire une pièce de Shakespeare (qui nécessite l'utilisation de facultés élevées). Par conséquent, puisqu'une nouvelle bibliothèque permet-trait de cultiver les facultés les plus élevées des habitants, Mill estime que c'est un meilleur choix en termes d'utilité, car cela permet aux habitants d'atteindre des plaisirs plus élevés, et donc d'être plus heureux.

Le réel problème derrière ces deux choix possibles (ouvrir une bibliothèque ou un café), c'est de savoir comment on peut mesurer le niveau de bienêtre : pour définir ce qui procure le plus de plaisir et de bonheur, faut-il se baser sur ce que les habitants disent ou sur la promotion de certaines valeurs qui rendent plus heureux celui qui les possède ? Mill a clairement choisi son camp : selon lui, **il faut privilégier le choix qui permet de cultiver l'intelligence, l'imagination et le sens moral**, même si ce n'est pas le choix des individus.

Cependant, **les auteurs contemporains rejettent cette vision de l'utilitarisme : en effet, rien ne permet de prou-ver que développer l'intelligence, l'imagination ou le sens moral rend plus heureux**. C'est pourquoi ces auteurs ont développé une nouvelle façon de mesurer le bonheur et de comparer les plaisirs, sans devoir recourir à certaines facultés considérées comme plus élevées.

Les comparaisons d'utilité à l'heure actuelle

Les théoriciens actuels (surtout des philosophes et des économistes) ont apporté **trois changements majeurs à l'utilitarisme de Mill** :

- premièrement, **la notion d'utilité elle-même a évolué**. Au départ, l'utilité était considérée comme une propriété des objets extérieurs qui produisait une expérience de plaisir ou de douleur. Mais avec le temps, cette explication est devenue problématique, notamment parce qu'elle justifierait l'usage de drogues, qui procurerait du plaisir mais maintiendrait l'homme dans un état léthargique. C'est pourquoi les penseurs actuels ne parlent plus d'utilité comme une expérience psychique, mais plutôt **en termes de satisfaction des préférences**. Autrement dit, **on mesure l'utilité en comparant différentes situations possibles et en regardant dans quelle situation on est le plus satisfait** ;
- cependant, il se peut qu'un individu connaisse divers degrés de satisfaction (on peut par exemple être « tout à fait satisfait » ou au contraire « un peu satisfait »), raison pour laquelle les penseurs contemporains ont **mathématisé le problème de mesure de l'utilité pour arriver à quantifier ce degré de préférence**. Par exemple, pour savoir s'il faut ouvrir une bibliothèque ou un café dans un village, l'idée est de demander aux habitants : « Quelle serait votre satisfaction sur une échelle de 1 à 10 s'il y avait une bibliothèque dans le village ? » En comparant les résultats avec la même question à propos du café, on pourrait voir quelle option serait la plus satisfaisante pour l'ensemble de la population. Il n'est donc pas

étonnant que la plupart des écrits sur les problèmes de comparaison d'utilité soient des écrits formalisés dans un langage mathématique, très différent du style d'écriture utilisé par Mill et ses contemporains (qui n'avaient pas recours à l'outil mathématique pour représenter les utilités) ;

- en dernier lieu, dans la plupart des théories actuelles, on estime qu'il **est impossible de mesurer l'utilité d'une vie par rapport à une autre**, tandis que Mill pense que cela est possible. En effet, comme on l'a vu, celui-ci estime qu'il est possible de comparer le niveau de bonheur de Socrate avec celui d'un imbécile, et ajoute que dans la plupart des cas, le bonheur du philosophe sera supérieur à celui de l'imbécile. **Les théoriciens d'aujourd'hui ne pensent pas qu'il est possible de définir objectivement si certains plaisirs sont meilleurs que d'autres**. Tout au plus peut-on s'imaginer à quel point un autre individu est heureux et le comparer à notre situation. Par exemple, on peut s'imaginer « si j'étais Jean, est-ce que je préférerais m'acheter un soda ou une pizza ? », et la réponse ne sera pas forcément la même que la nôtre (je préfère peut-être m'acheter une pizza, mais Jean préférera un soda). Cette thèse est notamment défendue par John Harsanyi (1920-2000). Dans ce cas, rien ne permet de dire qu'un imbécile ne préférera pas sa situation à celle de Socrate, surtout en sachant que ce dernier a fini par être condamné à boire du poison (!).

CONCLUSION

L'utilitarisme de Mill part d'une **bonne intention** : donner un critère précis pour permettre de faire des choix qui maximisent le bonheur du plus grand nombre. Cependant, Mill partage une **vision idéaliste et élitiste du bonheur** : il estime qu'un homme intelligent ayant de l'imagination et un sens moral sera toujours plus heureux qu'un être qui ne possède pas ces qualités (sauf en cas de malheur extrême). Cette vision du bonheur pose plusieurs problèmes : d'une part, elle rend difficile, en pratique, le fait de savoir quelle action procure le plus de bonheur. D'autre part, elle sous-entend qu'il est possible de comparer le niveau de bonheur entre les individus. Ces deux difficultés ont poussé les utilitaristes contemporains à développer une autre conception du bonheur et de l'utilité, en délaissant la notion de « facultés les plus élevées » et de « plaisirs plus désirables » pour la mesure des préférences personnelles, en laissant ouverte la possibilité qu'un imbécile préfère peut-être sa situation à celle d'un homme intelligent.

À la suite de Mill, **le principe d'utilité a suscité un véritable engouement, et continue d'être mentionné et critiqué de nos jours**. Des auteurs contemporains comme Richard Hare (1920-2002), John Harsanyi et Peter Singer (né en 1946) peuvent être qualifiés d'utilitaristes. La notion d'utilité a cependant aujourd'hui un usage beaucoup plus large, notamment en économie. En effet, l'idée d'évaluer différentes situations possibles en termes d'utilité est quelque chose de tout à fait courant en économie, et cela aussi bien pour des questions relativement simples (que choisir entre un soda ou une pizza ?) que pour des questions plus compliquées (comment faut-il taxer les individus ?).

Votre avis nous intéresse !
Laissez un commentaire sur le site de votre librairie en ligne
et partagez vos coups de cœur sur les réseaux sociaux !

POUR ALLER PLUS LOIN

- ARNSPERGER (Christian) et VAN PARIJS (Philippe), *Éthique économique et sociale*, Paris, La Découverte, 2000.
- MILL (John Stuart), *L'Utilitarisme*, traduction de Le Monnier, Paris, Félix Alcan, 1889.
- VAN PARIJS (Philippe), *Qu'est-ce qu'une société juste ? Introduction à la pratique de la philosophie politique*, Paris, Seuil, 1991, p. 31-68.

Rendez-vous sur lepetitphilosophe.fr et découvrez :

Plus de 1200 analyses
Claires et synthétiques
Téléchargeables en 30 secondes
À imprimer chez soi

www.lepetitphilosophe.fr

ISBN version numérique : 978-2-8062-4564-9
ISBN version papier : 978-2-8062-4604-2
Dépôt légal : D/2017/12603/593

Conception numérique : Primento,
le partenaire numérique des éditeurs.

Made in the USA
Monee, IL
07 July 2026